AF396548

DÉDIÉ AUX CHEFS DE FAMILLE ET AUX MAISONS D'ÉDUCATION.

RÉVÉLATION

DE L'ART DU LANGAGE

CONSIDÉRÉ DANS SES RAPPORTS ORGANIQUES,

APPLIQUÉ

A tous les genres de diction, et particulièrement à la guérison

DU BÉGAIEMENT

ET DES AUTRES VICES DE LA PRONONCIATION,

Par Jh. CRESP.

PRIX : 2 FR.

PARIS,

HACHETTE, LIBRAIRE :

LYON,

CHEZ TOUS LES LIBRAIRES, ET CHEZ L'AUTEUR,

Rue Belle-Cordière, 15, au 1er

1850

RÉVÉLATION

DE L'ART DU LANGAGE

Chanoine, imprimeur à Lyon.

DÉDIÉ AUX CHEFS DE FAMILLE ET AUX MAISONS D'ÉDUCATION.

RÉVÉLATION

DE L'ART DU LANGAGE

CONSIDÉRÉ DANS SES RAPPORTS ORGANIQUES,

APPLIQUÉ

À tous les genres de diction, et particulièrement à la guérison

DU BÉGAIEMENT

ET DES AUTRES VICES DE LA PRONONCIATION,

Par Jh. CRESP.

PARIS,

HACHETTE, LIBRAIRE :

LYON,

CHEZ TOUS LES LIBRAIRES, ET CHEZ L'AUTEUR,

Rue Belle-Cordière, 15, au 1er

1850

AUX LECTEURS.

Ces pages, que je livre aujourd'hui à la publicité, sont le fruit de dix nouvelles années d'observations et de succès dans mes nouveaux procédés curatifs de bégaiement. Il était tout simple que, ayant basé en grande partie ma nouvelle méthode sur les règles et les principes de la diction, je glissasse en cette circonstance quelques mots sur cet art si outrageusement méconnu par ceux-là même dont la mission serait de le faire valoir, sinon dans tout l'éclat de sa puissance, mais, du moins, dans ce qu'il offre de plus utile et de plus intéressant.

On apprendra les règles et les principes d'une langue pour la bien écrire, et on négligera ceux indispensables à connaître pour la bien parler; c'est-à-dire que les productions de l'intelligence, de l'esprit et du savoir dont la lecture nous intéresse si vivement, perdront de leur expression, de leur charme, de leur importance en passant par la bouche des hommes chargés de nous les communiquer? Mais alors quel profit pourrons-nous tirer de leur enseignement si, au lieu de captiver notre attention, de l'enchaîner par une parole harmonieuse, chaleureuse et vraie, ils la fatiguent continuellement par un débit monotone, faux ou inintelligible? Le propre de l'art de la diction est de donner à la parole plus de force, plus de vie, plus de mouvement et de grandiose, plus de ce qui persuade, entraîne et subjugue. Sans la connaissance de cet art, la parole n'est en quelque sorte, selon moi, que le cadavre de la pensée. Et, d'ailleurs, y a-t-il un art dont l'application soit plus de tous les jours, de tous les instants, pour ainsi dire? N'a-t-on pas sans cesse à parler à quelqu'un? Et dans la conversation même, certains vices de la prononciation, de l'élocution ne sont-ils pas aussi humiliants pour l'amour-propre de celui qui parle que choquant pour l'oreille de ceux qui écoutent?

Si, comme je l'espère, ces remarques, que je crois pleines de justesse et émises convenablement, sont prises en considération par les magistrats de l'instruction publique, nous ne tarderons pas à en ressentir les bons effets. Il serait vraiment honteux que la France, placée à la tête de la civilisation moderne, laissât en souffrance et en oubli un art que les anciens honoraient au moins à l'égal des autres, et que nos voisins d'outre-mer pratiquent avec une incontestable supériorité.

En développant mon nouveau système curatif de bégaiement, il convenait de parler de ceux déjà connus et accrédités. Je devais, dans l'intérêt de la science et de la société, signaler leurs vices comme leurs qualités; aussi, n'est-ce qu'après un examen minutieux des avantages réels qu'on en pouvait retirer que j'ai donné mon dernier mot. Exposé par cette publication aux mêmes chances de la critique, j'attends son jugement avec la ferme résolution de me conformer à ce qu'il m'offrira d'heureux et de profitable pour mes travaux et mes convictions.

Le peu de mots que j'ai à dire sur le bégaiement, étant plutôt pour faire comprendre la nécessité de se corriger de cette triste infirmité, que pour critiquer les malheureux essais auxquels elle a donné lieu, je ne relèverai pas toutes les niaiseries, toutes les absurdités qu'on a émises à ce sujet. Un pareil examen me mènerait trop loin pour le cadre rétréci que je me suis imposé, me réservant, toutefois, de revenir plus tard sur cette grande question qui touche de si près toutes les classes de la société. Car, lors même que je ne me serais astreint à aucune limite, je ne me sentirais pas le courage d'entreprendre une si rude tâche. Ce serait, comme on dit vulgairement, un travail de romain ; et ce travail m'épouvante d'autant plus qu'il me serait impossible de sortir sain et sauf de cet amas d'erreurs indigestes où chaque médecin est venu, en passant, déposer son opinion vide de sens et de raison (1). Je ne rappellerai donc point ici leurs paroles et leurs écrits, mais je les blâmerai hautement et avec sévérité de leurs périlleuses et inutiles tentatives. Il convient, d'ailleurs, dans l'intérêt de l'humanité, d'affaiblir l'influence que certains médecins à grande renommée exercent sur les esprits. Si cette influence, dont la plu-

(1) Il est bien entendu qu'il ne s'agit principalement ici que de cette foule de médecins éparpillés çà et là, que l'on rencontre partout et qui n'habitent nulle part, de ces médecins qui n'ont d'autre valeur que celle que leur donnent leurs diplômes, et non de ceux d'une haute portée, quoique parmi ces derniers il y en ait quelques-uns qui ne soient pas exempts de tous reproches.

part d'entre eux abusent inconsidérément, est utile
quelquefois, elle est aussi souvent dangereuse ; et dans
les cas de bégaiement, surtout, elle a été nuisible ou
fatale à tous ceux qui ont eu l'imprudence de se livrer
à leurs tortures scientifiques. Je ne crains pas d'a-
jouter que l'incrédulité, qui est presque toujours le
résultat de l'ignorance ou d'un manque absolu de ré-
flexion, a puisé cette fois pour l'objet qui nous occupe
toute sa force et son arrogance dans les assertions
fausses et menteuses des médecins qui, ne compre-
nant rien à l'infirmité du bégaiement, n'ont pas voulu
que d'autres, étrangers à leur science, y comprissent
quelque chose, malgré l'évidence des faits, ou plutôt à cause de leur évidence. Les savants aiment à se
convaincre eux-mêmes, et non à être convaincus ;
aussi, n'est-ce qu'à pas de tortue que marche le progrès.

Tant que les médecins crurent voir dans le bégaiement le résultat de différentes causes maladives, ils

curent recours, pour le combattre, aux applications pharmaceutiques de toutes espèces. En agissant ainsi, ils ne se montrèrent qu'ignorants et ridicules ; et l'on rit. Mais du jour où ils considérèrent le bégaiement comme étant la conséquence de certaines dispositions physiques de la langue ou des parties qui concourent à l'articulation des sons, on eut peur ; car en portant le fer sur cet organe, ils devinrent cruels. Dès lors, rien n'eût le pouvoir d'arrêter leur fureur chirurgicale. L'insuccès, pas plus que les cris arrachés à la douleur, ne purent les attendrir. Insensibles à toutes les remontrances consciencieuses de l'expérience, ils s'acharnèrent avec tant de violence à leur système d'opération, qu'ils auraient opéré sur les débris de l'univers, si l'univers se fût écroulé.

Pour le bien public, et comme avertissement, je devais porter à la connaissance de tous ces tentatives inexplicables, impuissantes et meurtrières, connues seulement des adeptes et de ceux qui servirent de sujets à de si coupables folies.

Qu'on ne croie point que j'use, en cette occasion, d'une exagération désobligeante et envenimée, car voici ce qui me donnerait gain de cause, si je n'étais amplement en fonds d'un autre côté.

On lit dans les *Annales françaises et étrangères*, de 1841 : « Il n'est bruit dans le monde médical que du malheur arrivé à M. Dieffenbach, qui a vu périr d'hémorrhagie un étudiant de Berlin qu'il avait opéré pour cause de bégaiement. »

Le même journal rapporte le fait suivant, qui s'est passé à l'hôpital des enfants, à Paris : — Un enfant de douze ans a failli périr d'hémorrhagie à la suite des muscles *génio-glosses*, pratiquée par M. Guersant (1). Je transcris textuellement les paroles de cet

(1) Dans son ouvrage sur la *Ténotomie sous-cutanée*, le docteur Ch. Philipps, élève du célèbre Dieffenbach, fait un tableau effrayant des suites de l'opération de la section des genio-glosses et des cas d'hémorrhagie consécutive contre lesquels on a été forcé d'avoir souvent recours, et à plusieurs reprises, à la cautérisation par le fer rouge.

habile opérateur : « Ce fait, dit-il, doit être d'un grave
« enseignement pour tout le monde. Dans l'intérêt de
« l'humanité, il doit avoir le plus de publicité pos-
« sible, quels que soient les mécomptes que les char-
« latans puissent y trouver. Si les succès que l'on pro-
« clame si haut engagent trop facilement les bègues
« à se faire opérer, ceux-ci trouveront un frein à leurs
« désirs, en apprenant que l'opération peut être sui-
« vie d'accidents graves. »

Devant une parole aussi solennelle que celle de
M. Guersant, on était en droit de penser que les opé-
rateurs s'inclineraient et remettraient dans le fourreau
le fer qui n'en aurait jamais dû sortir pour les cas de
bégaiement ; point du tout, ils le firent plus aigu et
plus tranchant encore, sans doute dans la louable intention, cette fois, de détruire le bégaiement, en sa-
crifiant les bègues à leur rage systématique.

De 1841 à 1847, l'opération prit des proportions

désordonnées. Toutes les villes, grandes ou petites, eurent leur opérateur ou plutôt leur sacrificateur. Dans cet espace de temps, plus de trois cents bègues, dit-on, furent opérés à Lyon, par une main habile, il est vrai, mais qui fut infidèle comme l'avaient été tant d'autres en pareil cas.

Beaucoup de sang de répandu, et point de victoire! Eh bien! ce célèbre chirurgien, que tout le monde connaît, ne se tient pas encore pour battu; c'est que l'espoir est le soutien des malheureux!...

En blâmant avec amertume les diverses opérations que l'on a fait subir à la langue ou à ses parties annexes, dans la folle espérance de guérir le bégaie-ment, j'ai la conviction que les médecins blessés au vif dans leur amour-propre par des succès de ce genre obtenus hors de leur domaine, pensèrent prendre une revanche éclatante, en attribuant au bégaiement d'au-tres conséquences que celles que le bon sens fait en-

trevoir, car aucun d'eux n'ignorait les faits innombrables de guérisons obtenues par des moyens simples,
faciles et sûrs. Devait-on céder à un mouvement de
jalousie au point de préférer, pour atteindre le même
but, une opération grave, douloureuse, dangereuse
non moins qu'infidèle? Non, la section des muscles,
pour guérir le bégaiement, devait répugner aux hommes prudents, consciencieux et observateurs. Mais,
poussés par l'orgueil, cet implacable ennemi du bon
sens et de la raison, ils se raidirent contre l'évidence,
et passèrent, avec la plus méprisante indifférence,
devant les moyens gymnastiques qui jusqu'alors
avaient été seuls employés dans la cure du bégaiement, et dont les nombreux succès étaient, certes, de
nature à satisfaire les esprits même les plus exigeants.

On appelle bégaiement une hésitation, une difficulté plus ou moins grande dans la parole, répétition
prolongée, convulsive, saccadée, quelquefois suspen-
sion pénible, et même empêchement complet de la

faculté d'articuler (1). Cette affection, tout le monde la connaît et peut en apprécier la gêne, ainsi que les inconvénients. Elle offre différents degrés de caractère et d'intensité, depuis cette difficulté de prononciation à peine sensible qui, loin de nuire au langage, lui prête une sorte de charme et de grâce naïve (2), jusqu'à cette articulation anxieuse, saccadée, convulsive, gutturale, accompagnée de grimaces, de contorsions, de suffocations qui tiennent, dit M. Magendie, plus du rugissement de la bête féroce que du langage humain. Assez commun chez l'enfant, mais plus commun chez l'adulte, le bégaiement disparaît ordinairement dans une vieillesse avancée. Les femmes, quoiqu'en aient dit quelques observateurs, ne sont point à l'abri de cette infirmité, moins que les hommes peut-être ; non que les femmes aient la langue plus flexible et parlent plus tôt que les hommes, mais parce que, sachant,

(1) C'est ainsi que les auteurs définissent cette infirmité.

(2) Molé, le célèbre comédien, avait ce léger bégaiement qui donnait, dit-on, un charme infini à sa diction.

même bien avant que Rousseau l'ait dit, que la parole est pour elles l'instrument le plus utile et le plus indispensable à leur bonheur, elles veillent sans cesse avec la plus touchante sollicitude sur l'organe qui leur promet tant de joie et de félicité dans ce monde, et peut-être dans l'autre.

Le bégaiement est modifié par les différentes affections de l'âme. Sous l'influence du respect, de la timidité, de la crainte, le bègue ne parle qu'avec la plus grande difficulté, si même, désespérant de pouvoir se faire entendre, il ne se résigne à un complet mutisme. Que ce même individu se trouve, au contraire, en rapport avec des gens qui lui inspirent de la confiance, de l'attachement, de la familiarité, à peine si une légère hésitation trahira son vice de parole. Il pourrait même étonner par la facilité de son élocution, par la hardiesse de ses réparties au milieu d'une discussion vive et attrayante pour lui. Combien de fois, sous l'empire d'un accès de colère ou d'indignation, les juremenṭs fortement accentués d'un bègue n'ont-ils pas fait douter de son affection? On sait depuis longtemps que la majorité des bègues chante sans difficulté. Sous le masque, il n'est pas rare non plus de voir disparaître toute trace de bégaiement. D'innombrables faits prouvent que cette affection peut s'acquérir par l'imitation; et d'autre part, il est certain qu'une volonté forte, opiniâtre, a souvent triomphé du bégaiement. A ce propos, je raconterai que M. Leclerc, professeur au Collége de France, bégayait de la manière la plus désagréable; à peine s'il pouvait être compris de la personne la plus bénévole. Un jour, il remporte le grand prix de poésie latine au concours général des lycées de Paris. Il désirait vivement lire lui-même son ouvrage devant une nombreuse assemblée. A force de travail, il arrive à son but. Jamais vers ne furent lus avec plus de netteté, de clarté, de chaleur d'âme et de talent. Depuis cette époque, sa faconde est presque inimitable.

Enfin , le bégaiement, ordinairement continu , est soumis quelquefois à des intermittences auxquelles les vicissitudes atmosphériques ne sont pas tout-à-fait étrangères.

Vainement on rechercherait dans les annales de la science, disent quelques auteurs, quelle était l'opinion des anciens sur la nature du bégaiement, et quels moyens ils employèrent pour en obtenir la guérison. Pour les médecins de l'antiquité , le bégaiement était une affection défiant toutes les ressources de l'art (1) ; aussi n'est-il pas étonnant qu'aucun effort n'ait été fait pour délivrer les bègues de leur infirmité (2). L'histoire, il est vrai, nous apprend que Démosthènes se guérit à force de soins et de peine, en récitant, sur les bords de la mer agitée, les vers d'Euripide et de

(1) Il eût été à souhaiter, pour les malheureux bègues qui ont été saignés, purgés, médicamentés et *chirurgicalisés*, que nos médecins pensassent comme leurs confrères de l'antiquité.

(2) Ce qui prouve que les médecins de l'antiquité étaient plus sages et plus prudents que les nôtres.

Sophocle, après avoir préalablement rempli sa bouche de petits cailloux, etque sa persévérance dans l'emploi de cet ingénieux, mais gênant artifice, lui valut la gloire de devenir le prince des orateurs grecs (1). Sans nier la possibilité d'un pareil résultat, il est bon de remarquer que Plutarque, l'historien du fait, ne spécifie point le vice de langage qui affligeait Démosthènes. Ce succès, du reste, soit dit en passant, prouve moins l'efficacité des corps étrangers dans la bouche que la puissante influence d'une volonté forte et opiniâtre dans la cure du bégaiement. C'est à peine si, jusqu'au XVIIIe siècle, on découvre quelque travail sur cette matière, et encore les premiers essais de traitement donnèrent des résultats si nuls ou si peu satisfaisants, qu'ils furent abandonnés presqu'aussitôt imaginés. Il faut arriver jusqu'en 1825 pour trouver enfin une méthode rationnelle et simple, souvent heureuse dans ses résultats. C'est à une dame Leigh, *de*

(1) Certains de nos orateurs devraient bien essayer de ce moyen.

New-Yorck, qu'est due la première idée de la *mé-thode* dite américaine.

— Il n'y a que les femmes pour de semblables découvertes. —

Cette jeune veuve, pénétrée de reconnaissance pour le bon accueil qu'elle avait reçu dans la famille du docteur *Yates*, et saisie du plus vif intérêt en faveur d'une des filles de ce médecin, affligée de bégaiement, s'ingénia à trouver les moyens de pallier, sinon de guérir cette infirmité. N'ayant retiré aucun fruit de la lecture des auteurs anglais, elle prit le parti de s'en tenir à l'observation attentive des phénomènes offerts par la personne qui en était atteinte. Elle ne tarda pas à remarquer chez son élève qu'au moment de l'articulation des sons, sa langue, au lieu d'être appliquée contre le voile du palais, ainsi que cela s'observe chez les personnes qui parlent couramment, restait, au contraire, vers le bas de la bouche sans dépasser le

niveau de l'arcade dentaire inférieure. De ce fait, elle
inféra la possibilité de diminuer et peut-être même de
guérir le bégaiement, si, pendant l'acte de la parole,
l'élève parvenait à élever la langue vers la voûte palatine, en arrière des dents incisives supérieures.
Cette présomption se changea bientôt en certitude.
Mlle *Yates* fut exercée d'après cette manière de voir.
La prononciation fut d'abord lente, *empâtée;* bientôt
elle acquit son type naturel, et finalement la guérison
complète eut lieu. Enhardie par cet heureux résultat
et par beaucoup d'autres du même genre, Mme Leigh
fonda, en 1825, à *New-Yorck*, un établissement con-
sacré au traitement des bègues, et dès 1828, elle
comptait 150 guérisons (1).

Voilà donc Mme Leigh, étrangère aux sciences,
qui, simplement aidée de son bon sens, de ses patientes et constantes observations, trouve en un instant, pour ainsi dire, ce que la science, malgré ses

---

(1) C'est ainsi que j'en ai lu la narration.

efforts, n'avait pu découvrir : une méthode curative de bégaiement. C'est que les savants oublient trop, dans leurs recherches, que presque toujours les grands effets sont dus à de petites causes. Plongés dans la profondeur des abîmes, ils ne voient pas ce qui se passe sur les surfaces ; et il est à parier que si la lumière du jour venait à disparaître subitement de notre globe, ils iraient chercher les causes de ce phénomène plutôt au fond d'un puits que dans l'ordre des choses naturelles.

La méthode dite *américaine* fut reprise en sous-œuvre par les frères Malebouche, qui en reçurent communication secrète de Mme Leigh elle-même. De routinier qu'il était, le système américain ne tarda pas à revêtir un caractère scientifique entre les mains de ses nouveaux propagateurs. On respecta le fond du traitement, mais on en modifia les exercices pratiques.

En introduisant sa méthode parmi nous, Mme Leigh a, en quelque sorte, donné l'élan à toutes les recherches qui ont eu lieu sur un sujet de cette importance, et qui intéresse si vivement l'humanité. C'est à cette dame encore que nous sommes redevables des améliorations qui, peu à peu, se sont introduites dans les diverses méthodes qui se sont succédées, parce que, ayant fixé notre attention sur les bons résultats de la sienne, nous devions nécessairement, en nous apercevant de ses qualités comme de ses défauts, chercher à profiter des unes et à corriger les autres.

La méthode curative de Mme Leigh consiste à fixer le sommet de la langue appliquée contre le palais. Celle de M. Malebouche, à y appliquer toute la face dorsale, ce qui, selon moi, n'est autre chose que deux têtes dans un même bonnet. Ces méthodes sont bonnes quoique reposant sur un mauvais raisonnement (1). Car, en attribuant, comme le fait M. Malebouche, les

(1) Ce n'est pas étonnant, M. Malebouche est avocat.

BIBLIOTHÈQUE NATIONALE — R. F. — IMPRIMÉS

conséquences du bégaiement à la lourdeur de la langue et à la débilité des muscles qui servent à la soutenir, c'est ressusciter de vieilles erreurs et donner, en quelque sorte, raison aux médecins, s'ils n'eussent pris eux-mêmes le soin de se donner tort. Ainsi, l'on a successivement, dit M. Bod (1), invoqué le volume et l'épaisseur trop considérable, la petitesse absolue ou relative de la langue, la brièveté ou l'excessive longueur de son frein, le relâchement des ligaments, la division anormale de la luette, l'implantation vicieuse des dents. Tout cet échafaudage de causes tombe devant ce seul fait d'observation que, dans l'immense majorité des cas, les organes vocaux sont, chez les bègues, d'une parfaite conformation, ne présentent pas la moindre trace des dispositions auxquelles on a rapporté le bégaiement. D'ailleurs, en admettant que

(1) M. Bod est un médecin de grand mérite. Il a écrit sur le strabisme des choses remarquables, et ses opinions sur le bégaiement se rapprochent tellement des miennes que je ne pouvais mieux faire de m'y associer en les rapportant ici.

l'étiologie de cette infirmité réside effectivement dans la structure organique de la langue ou de ses accessoires, ou bien dans certaines modifications physiques des parties ambiantes, à l'exclusion de toute cause intellectuelle, comment expliquer ces variations, dans le bégaiement, journalières, intermittentes, subordonnées aux événements les plus bizarres et les plus singuliers ?

L'explication des phénomènes du bégaiement ne s'accorde donc pas avec les causes matérielles précitées. Outre que le raisonnement milite contre cette hypothèse, les résultats des opérations pratiquées dans cette vue, en ont suffisamment démontré l'erreur ; et si, d'autre part, il est avéré que des moyens gymnastiques, des exercices vocaux particuliers, souvent même l'énergie seule d'une volonté opiniâtre aient fait disparaître jusqu'au moindre vestige du bégaiement, sans que l'intégrité de la langue ou de ses dépendances ait été compromise, quelle valeur sera-t-

il permis d'accorder aux causes physiques dans la production du bégaiement? Avec plus de raison, on l'a
rapporté à l'organe excitateur de la langue, au cerveau
lui-même, chargé de coordonner les différents actes
qui finalement produisent la parole. En effet, tout l'artifice du langage repose sur une succession de sons
plus ou moins prolongés sur lesquels glisse l'articulation. Ces sons se forment dans le larynx, mais ils ne
peuvent s'y former qu'autant que le larynx aura été
favorablement disposé par l'organe excitateur qui,
restant inactif, arrêterait brusquement leur puissance
d'action, ainsi que celle des organes modificateurs.

Voilà précisément ce qui arrive aux bègues et qui
cause leur difficulté. Chercher à mettre l'organe excitateur à même de fonctionner librement, c'est le but
principal où doivent tendre les méthodes curatives de
bégaiement, puisque tous les actes des autres organes
de la parole en dépendent d'une manière absolue.
Cette assertion explique parfaitement pourquoi les

bègues ne bégaient pas en chantant. Dans le langage, ils veulent articuler avant que les sons ne soient formés; c'est-à-dire, mettre la charrue avant les bœufs. Dans le chant, au contraire, ils agissent instinctivement en sens inverse : là est tout le mystère.

MM. Serres d'Alay et Colombat ont fort bien compris et développé cette haute question du bégaiement. Ils l'ont fait en hommes de mérite, en hommes profondément consciencieux et observateurs. Il est malheureux que leurs moyens curatifs ne répondent pas entièrement à leurs bonnes intentions. Il n'en pouvait être autrement : ils sont tous deux médecins.

Le procédé de M. Serres consiste dans une gesticulation brusque et saccadée des bras. Ce mode de traitement, assez burlesque, par parenthèse, peut être d'un grand secours pour M. Serres qui, bègue lui-même, s'est tellement identifié avec son procédé, par l'habitude de s'en servir, qu'il s'est incarné en lui, et que sa gymnastique et sa personne ne font plus qu'un tout inséparable. Aussi, est-ce l'*homme-méthode* que M. Serres. Mais ce moyen curatif tout utile, tant avantageux qu'il soit à son inventeur, est inapplicable à tout autre individu. Les gestes qui émanent spontanément de soi sont toujours bons et profitables ; mais imités de telle ou telle personne, ils ne sont que ridicules.

M. Colombat qui, par des termes sonores et boursoufflés, a voulu entourer de tous les prestiges de la science son système et son application, a divisé, subdivisé, classé, numéroté et qualifié chaque espèce de bégaiement, et les a mises sous la protection des rithmes et des mesures, depuis la mesure à un temps jusqu'à celle de douze temps inclusivement ; sorte de charlatanerie en pure perte, non pour lui précisément, mais pour ceux qui y ont recours (1).

(1) La seule chose qui puisse faire excuser M. Colombat de cette effroyable quantité de rithmes qu'il a mis à la disposition des bègues, c'est d'être musicien ; il joue du cornet à piston.

Le bégaiement est un comme la vérité est une, quoiqu'il se produise sous bien des aspects divers aux regards de l'observateur ; c'est le caractère du bègue qui se reflète tout entier dans son infirmité. Les conséquences sont les mêmes pour tous les cas ; elles découlent de la même source. Le fond du traitement ne change pas, quel que soit le genre du bégaiement; les modifications seules varient.

Néanmoins, la méthode curative de M. Colombat est préférable à celle de M. le docteur Serres, mais elle est inférieure à celle de Mme Leigh.

Les moyens curatifs de M. Colombat reposent sur une forte inspiration, une gymnastique linguale à l'encontre des mots difficiles à prononcer, et sur une quantité effrayante de rithmes et de mesures de toutes les dimensions. Cette méthode est trop compliquée, tout, chez elle, est artificiel. Elle porte, en outre, un accent méthodique fort désagréable qui déplaît souverainement aux bègues. Elle est, d'ailleurs, d'une lenteur désespérante dans ses résultats, quand il y a des résultats (1). Ce qui n'a pas empêché l'Académie des sciences et le Pouvoir de récompenser magnifique-ment l'auteur de ce chef-d'œuvre de divisions et de subdivisions.

Dans la cure du bégaiement, on doit toujours don-ner la préférence aux moyens naturels (2). Il ne faut user des moyens artificiels que pour venir en aide à ceux-ci, et seulement lorsque l'exige le genre de bé-

---

(1) J'ai repris en sous-œuvre plus de vingt bègues qui avaient été traités par M. Colombat. Tous m'ont dit qu'au sortir de son établissement, ils n'avaient pu prendre sur eux de continuer à parler rhythmiquement, parce que, ne pouvant jamais se mettre au diapason de l'interlocuteur, ils sentaient qu'ils étaient aussi ridicules de parler ainsi que de bégayer. Est-ce là, je le demande, un résultat définitif?

(2) J'appelle moyens naturels, le jeux des organes de la voix et de la parole qui, sans autre secours que leur propre impulsion, agissent à notre volonté.

gaiement ou le caractère de la personne qui en est atteinte.

Pour mon compte, j'ai toujours considéré le bégaiement comme un simple accident, dont les conséquences tiennent autant à l'organisation capricieuse de nos facultés physiques et morales que la durée et l'intensité de cette infirmité tiennent à quelques-unes de nos opinions erronnées, telle que celle, par exemple, de l'attribuer à la langue seule.

Il est à remarquer, en effet, que l'immense majorité des personnes qui parlent couramment croient ne devoir qu'à la langue cet heureux privilége. Les bègues partagent cette opinion en sens contraire. Les uns et les autres se trompent en ce qu'ils confondent l'effet avec la cause. Il suit de là que le bègue, dans son intime conviction que la langue est le seul obstacle qui s'oppose à l'émission de sa parole, se rue avec tant de violence sur cet organe et le met à de si

rudes épreuves que, énervé par ce choc d'efforts inutiles, il compromet d'une manière si désastreuse les
organes dont il dépend, que le bégaiement qui, avant
cette lutte, aurait pu se corriger facilement, finit par
devenir inaccessible à toute espèce de traitement.

Il en est des organes de la voix comme des autres
organes du corps. Ils sont soumis aux mêmes lois et
aux mêmes épreuves. Leurs caractères diffèrent dans
leur souplesse comme dans leur inflexibilité; et tant
que nous sommes, nous nous ressentons plus ou
moins de cette dissemblance. Ainsi, le bégaiement qui
n'est autre chose qu'une irrégularité dans les mouvements produits par la contrainte que l'on fait subir aux
organes, en les plaçant sous le joug d'une volonté contraire à leurs facultés naturelles, peut aussi bien se
faire sentir sur toute autre partie de notre corps que
sur les organes de la voix, si on les force à agir en
dehors de leurs capacités.

Le bégaiement est, selon moi, une faiblesse ou une raideur plus ou moins grande des organes qui concourent à la production des sons et de ceux qui servent à les modifier. Lorsque cette faiblesse ou cette raideur est poussée au paroxisme, la guérison est fort douteuse, parce que chez le bègue, alors, il y a énervement complet de l'appareil vocal. Mais ces cas là sont heureusement très-rares.

Une trop grande timidité, chez le bègue, est souvent un obstacle à sa guérison. Il arrive aussi que la timidité produit le bégaiement; mais ce n'est plus alors qu'un bégaiement passager qui cesse dès l'instant que la cause qui l'a suscité a disparu. Ainsi, un homme supérieur fait souvent bégayer un homme qui n'est pas dépourvu d'habileté, jusqu'à lui donner quelque similitude avec un idiot. Napoléon avait spécialement ce privilége sur bien des gens qui l'approchaient pour la première fois. Combien de savants, vivant au milieu des loisirs d'une société très-circonscrite, et qui, paraissant, pour la première fois, devant le géant du siècle, pouvaient à peine articuler quelques mots! Villeterque, qui fut dans cet embarras, faillit en perdre l'esprit, tant sa stupeur avait été grande.

Ma méthode curative consiste dans une légère inspiration prise au commencement des phrases, la voix soutenue, et dans un mouvement régulier des lèvres d'arrière en avant, selon la position naturelle des syllabes. Cette gymnastique labiale agit avec une telle puissance sur les organes de la voix, qu'elle les tient constamment dans les dispositions favorables à l'émission des sons, et donne ainsi au principal agent de l'articulation l'impulsion nécessaire pour seconder, sans gêne et sans effort, l'acte entier de la parole.

Cette méthode, d'une grande simplicité, ne repose sur aucun moyen artificiel. Ses heureux résultats tiennent quelquefois du prodige, tant ils s'opèrent

promptement. Cinq jours d'exercice suffisent d'ordinaire pour débarrasser le bègue de son infirmité ; et
il arrive souvent qu'au bout de deux leçons, le bégaiement le plus intense cède à la puissance de ce
procédé. Cette méthode a, de plus, l'immense avantage de ne point traîner après elle cet accent méthodique désagréable qui se fait apercevoir dans celles
dont j'ai parlé, et particulièrement dans la méthode
de M. Colombat ; aussi a-t-elle toujours été pour ses
élèves un sujet d'ennui et de découragement.

Il est possible que les médecins qui n'observent jamais
qu'avec les yeux de leur science, et qui rapportent tout
à leur point de vue médical, trouvent à redire à mes
explications et même à mon mode de traitement. A cela,
je répondrai : Ne vous ayant pas encore donné le droit
de douter de mes succès, comme vous m'avez donné
celui de croire à votre incompétence en matière de bégaiement, j'aurai toujours sur vous l'avantage de la
victoire, quelles que soient vos opinions à mon égard.

D'ailleurs, il ne s'agit plus ici de l'anatomie des organes vocaux où vous vous êtes déjà fourvoyés en leur supposant des conséquences inadmissibles, mais bien de savoir la direction qui leur convient. Cette affaire n'est pas la vôtre, c'est celle d'un professeur de diction expérimenté. Celui qui a fait une étude spéciale, réfléchie et approfondie du jeu des organes de la voix et de la parole, qui s'est rendu un compte exact des divers caractères d'influence qu'ils peuvent exercer, des différents degrés d'aptitude et de flexibilité qui se font remarquer chez eux, dans les exercices gymnastiques auxquels on les soumet, celui-là, dis-je, est seul capable de donner aux organes une bonne direction, une direction relative et toujours conforme aux dispositions physiques des personnes dont il fera l'éducation, et les débarrassera ainsi des affections de toute espèce qu'il rencontrera dans leur prononciation.

En faisant intervenir aussi brusquement un professeur de diction dans la cure du bégaiement, j'ai voulu me dégager une fois pour toutes des médecins, et me poser définitivement en relief devant eux. Car les professeurs de diction ne connaissent guère que les règles et les principes que comporte leur art. Les moyens qui concourent d'une manière si directe et si décisive sur les bègues leur sont absolument inconnus. Ils savent que la respiration prise à propos, la voix soutenue, et une articulation nette sont les principales bases de l'art qu'ils professent. Ils n'ignorent pas non plus, que, en thèse générale, pour parvenir à posséder une diction pure, facile et agréable, une bonne prononciation, une prononciation exacte, accentuée, expressive, qui fait de la parole le plus bel instrument de la pensée, il faut s'exercer à parler d'une manière égale, mesurée, large et élastique ; s'appliquer à donner aux lèvres un mouvement régulier, pour que les syllabes soient toujours bien formées et conservent leur valeur ; à soutenir la voix, à accompagner les syllabes les unes sur les autres ; en un mot, faire attendre l'émission du son et ne jamais brusquer l'articulation : et que pour acquérir la pratique de ces indications, les lectures à haute voix, lentes et assidues, sont les meilleurs moyens à employer. Mais là se borne, comme je l'ai déjà fait observer, le savoir des professeurs de diction, suffisant sans doute pour faire un bon lecteur, un bon déclamateur, mais pas assez pour corriger le bégaiement et les autres vices de la prononciation. Il est probable cependant que si ces règles et ces principes peu connus étaient généralement adoptés, le nombre des personnes atteintes des affections de la parole diminuerait sensiblement.

Quand donc les ministres de l'instruction publique, qui se succèdent si souvent, comprendront-ils que l'étude spéciale du langage doit faire partie intégrante de l'éducation, et qu'il serait important de créer dans les Lycées des cours de ce genre, professés par des hommes spéciaux?

Les professeurs des classes de latin, de grec, de français, chargés d'exercer la mémoire des élèves, étant étrangers à l'art de la diction, s'acquittent fort mal de ce devoir par la rapidité avec laquelle ils font réciter des leçons aussitôt oubliées qu'apprises. Ce travail, d'aucune utilité pour la mémoire, est très-dangereux pour la prononciation; car, en étudiant, les élèves s'habituent à barbouiller, à prononcer négligemment. En récitant, c'est pis encore; ils recherchent leurs mots avec effort, ils traînent et allongent les syllabes : il n'est pas possible que quand la mémoire vacille, la langue ne balbutie aussi. Ainsi se contractent et se conservent les vices de la prononciation.

Le bredouillement et le balbutiement sont principalement les défectuosités que les jeunes gens emportent des colléges. Le bégaiement s'y développe aussi. Il n'est pas rare que des enfants parlant à peu près bien, et même bien, en soient sortis bègues.

Il n'est pas douteux alors que s'il existait dans ces établissements des classes spéciales de prononciation et de diction, comme il en existe tant d'autres moins

3

utiles, les élèves ne fussent à l'abri de semblables calamités, et leur mémoire s'enrichirait au lieu de s'appauvrir et de se fatiguer inutilement par l'obligation où ils se trouvent d'apprendre quelques lignes éparses et sans intérêt, que leur jeune et ardente imagination repousse avec dégoût.

Sous la direction, au contraire, d'un maître spécial de diction, les morceaux de littérature mis à l'étude, choisis avec goût, discernement et intelligence, intéresseraient vivement les élèves. Les choses qui frappent l'esprit et le cœur se gravent facilement dans la mémoire. Ils apprendraient là la manière de les colorer, de les accentuer. Le fruit de ces leçons serait pour eux le complément indispensable à toute bonne éducation, sans lequel nos oreilles auront toujours à redouter les parleurs de profession. Qu'on aille à l'Assemblée législative entendre nos orateurs ; au barreau, nos avocats ; dans les temples sacrés, nos prédicateurs, et que l'on me dise si j'ai tort de craindre et de m'alarmer.

A une époque où la parole est devenue l'arme puissante de nos institutions, où tout citoyen peut être appelé à parler en public, il convient que le langage soit dégagé de tout ce qu'il peut offrir de pénible et de défectueux. Une arme telle que la parole serait trop dangereuse si on l'abandonnait au petit nombre ; il faut que beaucoup la possèdent pour que la raison et la vérité ne soient pas exposées à perdre leur empire.

A ce sujet, écoutons M. Hip. Bonnelier (1), dont j'ai parfaitement retenu les conversations instructives :

« L'étude spéciale du langage est indispensable, l'instruction, les talents de l'esprit ne peuvent y suppléer, l'intelligence ne suffit pas non plus pour s'y livrer, elle suffit pour sentir, mais il faut de l'art pour exprimer les sensations. Que devient l'utilité du sen-

(1) M. Hip. Bonnelier a tenu à Paris des cours de diction fort estimés. M. Bonnelier est aujourd'hui chef du cabinet particulier du Président de la République.

timent intérieur d'une chose, si le don de l'expression manque pour le répandre au dehors. Je ne connais pas d'individu à qui l'art de la parole ne soit utile ; car, à mon avis, la première des sciences est celle qui, perfectionnant l'usage du don de la parole, nous apprend à parler purement notre langue nationale.

« La bonne lecture est presque un bon ton de conversation, tout homme du monde doit le posséder.

« Précipité dans la nullité intellectuelle des affaires de cléricature ou de commerce d'un ordre inférieur, on ne doit, me dirait-on, ni lire à haute voix, ni monter à la tribune.

« L'art du langage est utile aux charmes des entretiens ; il a une influence directe sur la négociation des affaires habituelles de la vie, puisque, en attirant à soi l'attention, il s'empare du plus précieux moyen de réussite : la persuation. »

Voyons, à présent, ce que dit l'abbé le Batteux, car il est nécessaire, en cette occasion, de s'appuyer aussi sur les vieilles autorités reconnues bonnes et valables :

« Il n'y a point d'art qui ne demande d'effort, et s'il y a quelqu'un qui en mérite, c'est celui de la déclamation. On donne pendant des années entières des maîtres aux jeunes gens pour leur apprendre à entrer, à sortir, à saluer, à se présenter, et on veut abandonner à la seule nature, au seul instinct, de régler la décence et les grâces dans les occasions où l'homme est en spectacle à tout un peuple qui juge à la rigueur de tous ses mouvements et de tous ses tons. Ce naturel qu'on vante tant dans la déclamation, et qu'on s'imagine devoir être inculte, pour être vrai, ne perdrait rien de ce qu'il a, quand il serait cultivé, et il acquerrerait sûrement une force et des charmes qu'il n'a pas. »

Puisque nous avons laissé échapper le mot déclamation, tâchons de bien définir l'art auquel il appartient, afin qu'on ne se méprenne plus sur sa véritable signification ; car on ne peut se dissimuler que les fausses interprétations auxquelles il a donné lieu, ont été nuisibles à son développement.

Déclamer, signifie dire avec âme, chaleur, énergie et passion, et non, comme on le croit généralement, crier, dire avec emphase tout ce qui sort de la conversation ordinaire.

Si la parole est la voix de l'âme, la déclamation est la voix de la parole ; mais cette voix de la parole est soumise à des règles et des principes, et ce sont ces règles et ces principes qui constituent l'art du langage (1).

(1) Nous laissons à la grammaire, à la rhétorique, de se partager diversement le privilége d'être la science du langage. Nous ne réclamons en faveur de la déclamation que la part extérieure et, pour ainsi dire, organique de la définition ; voilà pourquoi nous l'appelons l'art du langage.

L'art du langage consiste dans une bonne prononciation, une diction pure, et dans les inflexions de la voix; il consiste encore à dire d'une manière vraie, simple et naturelle la prose ainsi que les vers en entrant, par le maintien, le geste et la physionomie, dans l'action de son sujet; c'est-à-dire qu'il faut que cette vérité, cette simplicité de ton, ce naturel soient toujours en rapport avec le caractère et le sentiment de l'œuvre dont on se fait l'interprète, sans cela la lecture ou la récitation ne peut offrir le moindre intérêt.

Tout le monde lit, mais peu de personnes savent lire. Pourquoi? C'est qu'en général on lit avec les yeux et non avec l'esprit et le cœur.

Pour remuer un auditoire, l'accent de la voix doit toujours être en harmonie parfaite avec les sentiments que nous exprimons, sinon l'effet est manqué.

Nécessaire même au génie et à ceux qu'anime le feu sacré de l'inspiration, l'art de déclamer seulement, relève, place quelquefois au rang le plus honorable celui qui, sans un tel secours, n'eût jamais été remarqué.

Ces diverses considérations sur la nécessité d'apprendre la déclamation, frapperont, j'espère, les esprits sérieux et clairvoyants ; mais ce n'est pas assez, il faut qu'elles arrivent directement à l'adresse du Pouvoir, et surtout à celle des maîtres de pension qui, en quelque sorte, les ont suscitées, en nous mettant dans la fâcheuse obligation de les blâmer de leur indifférence pour la culture d'un art, dont l'importance et l'utilité se font sentir tous les jours davantage. Cette lacune dans l'enseignement est impardonnable, il faut qu'elle soit comblée, car c'est plus qu'une faute, c'est un malheur pour notre langue. L'art du langage renferme tant de puissance fécondante et destructive qu'on s'étonne, avec raison, de l'abandon complet dans

lequel on le laisse languir. N'est-ce pas pitié d'entendre, au XIXe siècle, des orateurs déchirer impitoya-
blement les oreilles de leur auditoire, sans se douter
le moins du moinde du supplice qu'ils lui font subir.

Les vices de la prononciation se retrouvent partout,
dans la chaire, au barreau, au théâtre, à la tribune,
dans nos académies. Cette étude de la diction, indispensable à chacun de nous, n'est cultivée nulle part ;
nulle part des professeurs habiles ne corrigent les défectuosités de la prononciation, les vices de la parole. La
prononciation, selon moi, doit se baser, non pas sur
un accent isolé, propre à tel ou tel pays, mais bien sur
les règles de la langue elle-même (1). L'accent parisien

(1) J'ai eu non-seulement à me corriger d'un bégaiement très-
prononcé, mais encore de tous les vices de la prononciation de mon
pays, — Marseille. — Les personnes qui m'ont entendu dans mes
séances de déclamation seraient bien embarrassées de dire de
quelle province je suis. Mais ce n'a pas été sans peine et sans travail
que je suis parvenu à désavouer ma ville natale, sous le rapport
prosodique, bien entendu.

a autant de défectuosités que les accents du Midi et du Nord, par la simple raison qu'il constitue un accent. Mais où trouver le remède pour effacer les vices de langage? Le trouvera-t-on chez les personnes chargées d'habitude de l'éducation des jeunes gens? Non, sans doute, et je le dis à regret, car les maîtres de pension comme les professeurs qui les assistent dans leur laborieuse et honorable tâche, n'en savent pas plus sur ce chapitre que leurs écoliers. Le remède que je propose consisterait à créer non-seulement dans les lycées et les autres établissements d'éducation, des classes de diction et de prononciation, mais encore des écoles gratuites de ce genre dans chaque localité. Là, des professeurs justement éprouvés réuniraieut leurs efforts pour amener leurs élèves à prononcer et à parler correctement d'après les règles et les principes de la langue française, et non d'après les règles et les principes d'une ville. Je suis convaincu que si ma pensée était mise à exécution, il en résulterait pour notre génération un très-grand avantage. C'est alors que la langue française deviendra seulement la langue universelle de la France, et tous les accents divers qui signalent chacun de nos pays disparaîtront pour n'en former qu'un seul. Espérons que le Pouvoir comprendra l'urgence de cette amélioration ; et s'il rencontre, pour seconder ses vues, des hommes pénétrés de l'importance de leur mission, une révolution complète ne peut manquer de s'opérer dans la diction française (1).

Cette longue digression qui, d'ailleurs, se lie étroitement à mon sujet principal, était nécessaire pour bien faire comprendre que personne ne doit se dispenser d'apporter les soins les plus minutieux au langage familier, dont la négligence influe d'une manière directe sur le langage relevé qu'exigent certaines circonstances.

(1) Aussi chaleureuse, aussi intelligente que soit une diction, elle ne peut se passer d'une bonne prononciation. La prononciation est au langage ce que la justesse est à l'exécution musicale.

Tous les vices de la prononciation peuvent être pré-venus ou arrêtés à leur naissance. Il serait à souhaiter que les chefs de famille et plus tard les instituteurs se pénétrassent bien de cette vérité. Ils apporteraient alors plus d'attention à la prononciation des enfants, et ne regarderaient pas comme des gentillesses cette articu-lation équivoque, incertaine et inintelligible des mots qu'ils grommellent entre leurs dents, qui, sans être pré-cisément des symptômes d'organes embarrassés, n'en sont pas moins souvent les tristes précurseurs du bé-gaiement et de beaucoup d'autres vices de la prononciation.

L'éducation des organes de la parole, dit M. Voisin (1), se rattache essentiellement à l'art de penser, à la logique, à toutes les sciences qui ont pour objet de régler l'exercice de nos facultés intellectuelles.

(1) M. le docteur Voisin a écrit d'excellentes choses sur le bégaiement et la physiologie du langage.

« La meilleure méthode pour apprendre à parler
aux enfants est de n'employer jamais devant eux d'ex-
pressions vagues ou improvisées, de ne jamais altérer
la prononciation des mots, sous le prétexte de la leur
rendre plus facile. Afin qu'ils sachent toujours ce
qu'ils disent en parlant, il faut qu'ils attachent des
idées claires et précises aux mots dont ils se servent,
et pour obtenir ce résultat, on doit se borner à leur
apprendre à connaitre d'abord un petit nombre d'objets
sensibles dont les qualités soient facilement apprécia-
bles. »

Ces lignes, pleines de sens et de raison, ne passeront
pas, j'espère, inaperçues aux yeux des chefs de famille, à qui j'ai déja recommandé de veiller avec le
plus grand soin à la prononciation naissante de leurs
enfants. En réfléchissant aux tristes conséquences qui
résulteraient de leur négligence, ils redoubleront d'attention et se soustrairont ainsi à la pernicieuse influence de ces gens qui, par esprit de paresse ou de

contradiction, se font un système de douter de tout, parce qu'il leur est plus facile de croire à l'impossibilité d'une chose que de chercher à se convaincre de sa possibilité. Aussi, ces sortes de stoïciens ne voient-ils que le côté plaisant du bégaiement ; et imbus de l'erreur commune que cette infirmité est frappée d'anathème, ils vous disent, avec l'imperturbable aplomb qui les caractérise, que le bégaiement est incurable, qu'il ne peut ni être prévenu, ni être arrêté. Comme on sent d'avance qu'avec de tels individus toute discussion serait inutile, on se contente de les saluer pour faire preuve de politesse, et on passe son chemin en se disant entre les dents qu'il n'est pour toujours vrai que les sots soient ici-bas pour nos menus plaisirs.

Vient ensuite, pour compléter la liste de ces gens sans discernement, sans consistance, qui font tache dans le monde intellectuel, sans pourtant empêcher la lumière de jaillir de son centre pas plus que les taches du soleil n'obscurcissent son disque lumineux, vient ensuite, dis-je, une autre espèce de gens beaucoup plus dangereux : ce sont ceux dont l'incrédulité n'est qu'un honteux prétexte pour cacher leur avarice, et qui, malgré toutes les pièces de conviction qu'on leur apporte, se retranchent dans leur perfide et hypocrite défiance, afin d'éviter le blâme des personnes sages et dévouées qui leur avaient vivement conseillé de se soumettre à l'évidence des faits.

En mentionnant ces diverses vicissitudes sociales auxquelles les hommes d'art et de science sont particulièrement exposés, j'ai voulu donner un sage avertissement à ceux qui ne peuvent se décider à rien sans avoir consulté préalablement une certaine classe d'individus encore plus ignorants qu'eux sur la nature de l'objet qui cause leur incertitude. Ces bonnes gens ne réfléchissent pas que les personnes qu'ils font intervenir dans leurs affaires ne s'y prêtent qu'à regret ; mais que, n'osant pas, par amour-propre, avouer leur insuffisance, et obligées, en quelque sorte, de donner leur avis pour répondre tant bien que mal à la confiance qu'on leur témoigne, ils le font avec cette négligence d'esprit et de cœur d'autant plus pernicieuse à ceux qui sont venus les solliciter, que le sentiment d'ennui et de froideur qui les a dictés leur échappe complétement.

D'où je conclus que, dans les actes importants de la vie où l'avenir est quelquefois engagé, il ne faut prendre conseil que de soi-même. Si l'on se trompe, du moins on n'aura pas été trompé; et c'est déjà une douce consolation de s'être soustrait ainsi aux froids conseils de l'égoïsme ou de l'indifférence.

On doit bien penser que, comme toutes les personnes lancées dans la voie des améliorations ou des découvertes, j'ai dû me traîner de longues années dans les ornières du doute, des erreurs, des vieilles routines et des hypothèses. J'ai même écrit, à une certaine époque, quelques pages de peu de valeur sur le bégaiement ; mais une fois éclairé par mes constantes et patientes observations et une longue expérience, je n'ai plus varié dans mes opinions ; et en basant les principes de ma nouvelle méthode curative de bégaiement sur les règles de la diction, je crois, sans trop de présomption, avoir posé pour longtemps les limites de tout progrès de ce genre.

Votre méthode est donc infaillible, me dira-t-on ? Non, elle n'est pas infaillible. Rien n'est infaillible dans ce monde. Toute chose dont la réussite dépend du plus ou moins d'intelligence et de volonté du premier venu, n'offre rien de certain ; mais du moment que cette chose aura été acceptée, comprise et exécutée, on peut être sûr de ses heureux résultats.

Quant à la crainte de certains bègues d'une rechute après la guérison, j'ai trop de franchise et de loyauté dans le caractère pour nier que de tels accidents, sans être fréquents, n'arrivent pas quelquefois. Mais alors, c'est la faute du bègue et non de la méthode. Car, supposer qu'une méthode toute mécanique puisse en un temps indéterminé, perdre les avantages qu'on en a retirés, est la plus grosse des absurdités. C'est la négligence ou l'inconstance du bègue qui fait tout le mal, rien de plus. Il en est, d'ailleurs, d'une méthode contre le bégaiement comme de celles qui concourent à l'enseignement de tel ou tel art, et dont les bons effets ne sont durables qu'à la condition expresse d'en observer rigoureusement les règles et les principes. Mais la malveillance, cette plaie sociale dont le souffle impur envenime tout ce qui lui porte ombrage, a saisi avec l'avidité du vautour qui se précipite sur sa proie, cette circonstance de rechute, pour rejeter les esprits dans l'incertitude en altérant la vérité des faits, et remettre ainsi en question le problème si heureusement résolu de la puissance gymnastique des moyens purement mécaniques dans la cure du bégaiement. En cette occurrence, je demanderai à MM. les médecins, ce qu'il en adviendrait, si leurs malades, au lieu de suivre aveuglément leurs prescriptions, n'en tenaient aucun compte? Toute ma réponse aux exigences et aux exagérations de la mauvaise foi est dans cette simple interrogation.

En définitive, le résumé de ces pages écrites, c'est que le bégaiement n'est pas une maladie, et qu'il est, par conséquent, et d'une manière absolue hors du domaine de la médecine. Dégagé ainsi des malencontreuses et périlleuses tentatives pharmaceutiques et chirurgicales, pour passer sous la douce et puissante influence d'un régime plus en harmonie avec sa nature, le bégaiement, réputé de tout temps incurable, est l'infirmité qui, à notre époque, offre le plus de chance de succès. Rendons-nous enfin à l'évidence des faits sans cesse palpitants de preuves irrécusables, et encourageons de nos félicitations et de notre confiance l'intelligence de ces hommes laborieux, expérimentés, qui, avec les seuls guides du bon sens et de la raison, sont parvenus à maîtriser complétement, par une heureuse combinaison de moyens ingénieux , une affection qui , avant eux , avait résité avec la plus désobligeante et irrévérencieuse opiniâtreté aux avances thérapeutiques des savants de tous les siècles.

Je ne terminerai point sans parler des autres vices de la prononciation : tels que le bredouillement, le balbutiement et la blésité que beaucoup de personnes confondent avec le bégaiement. Sans offrir aucune des particularités du bégaiement, ces diverses infirmités n'en sont pas moins fort tristes et fort déplaisantes. En donnant la définition de ces affections de la parole , je donnerai aussi les moyens de s'en corriger.

Reste encore le grasseyement, dont il convient de dire un mot ici , surtout dans l'intérêt de ceux dont la parole est tout un avenir de gloire et de fortune.

DU GRASSEYEMENT.

Le grasseyement ne doit pas être considéré comme une infirmité de la parole ; c'est tout simplement un vice de localité ou d'imitation qui consiste à prononcer la lettre *R* de la gorge.

La véritable articulation de cette lettre doit se faire du bout de la langue contre le palais, à peu de distance des incisives supérieures.

Comme l'*R* est la seule consonne qui produise un son vibré, on peut, par le moyen de cette vibration, donner à cette consonne toute la douceur, tout le charme et toute l'énergie que commandera le mot auquel elle appartiendra, ce qu'on ne pourra pas obtenir si cette vibration est produite par l'arrière-bouche ; aussi les chanteurs, les orateurs et les comédiens qui grasseyent sont-ils insoutenables à entendre. Chez eux, le grasseyement est un vice réel, un vice capital dont ils doivent se corriger, parce qu'il nuit à leur diction de la manière la plus fâcheuse. D'ailleurs, personne n'ignore que les sons de gorge sont toujours défectueux et d'un mauvais effet, et que leur nature, pleine d'aigreur et de rudesse, dépare et amollit tout ce qui provient d'eux.

En Provence, à Paris, tout le monde grasseye. Le grasseyement des provençaux est fort désagréable, celui des parisiens l'est beaucoup moins; il donne même à certaines personnes un accent de douceur qui plaît.

Ce vice qui, à tout prendre, n'en est pas un dans la conversation dont le débit est léger et rapide, fut à une certaine époque un objet de mode pour nos fashionables et nos petites-maîtresses. Quel travail long et pénible ne durent-ils pas faire pour répondre à ce caprice du moment? et cela dans la persévérante intention de substituer un vice à une bonne qualité. Auraient-ils agi avec la même puissance de volonté s'il eût été question de faire le contraire? J'en doute fort. On ne croit jamais être ridicule en se soumettant aux exigences de la mode, mais on pense toujours l'être en satisfaisant à celles du bon goût et de la raison. Tel est le caractère humain, et particulièrement celui des fashionables et des petites-maîtresses. Il est pourtant juste de dire que si le grasseyement est un vice détestable chez un chanteur, un orateur et un comédien, il a, lorsqu'il est léger, quelque chose d'aimable, de gracieux et de séduisant, surtout dans la bouche d'une jolie femme. Néanmoins il convient de s'en corriger.

Il est très-facile à un provençal de se corriger du grasseyement, parce que, chez lui, le grasseyement ne s'applique pas à tous les *R*. Par exemple, il ne grasseyera pas dans le mot *Paris*. Dans le mot *rare*, il grasseyera la première syllabe et ne grasseyera pas la seconde. Ainsi, comme par cette bizarrerie la véritable articulation de l'*R* lui est également familière, il s'ensuit qu'il ne lui faut qu'un peu d'attention et de bon vouloir pour ne plus grasseyer.

Mais il n'en est pas de même pour les parisiens ; ils se corrigent difficilement de ce vice de la prononciation. J'en ai même connu qui, malgré leur persévérance, malgré une grande attention et une étude soutenue des moyens efficaces qu'on leur avait indiqués, n'ont jamais pu s'empêcher de grasseyer.

Il existe deux moyens pour corriger le grasseyement. Le plus ancien des deux appartient à Talma. Il repose sur un exercice des lettres *T*, *D*. Ce procédé est fort ingénieux, sans doute, mais il est interminable et fort incertain dans ses résultats. L'autre moyen, beaucoup plus prompt, plus sûr et plus facile m'appartient. M. Colombat prétend cependant en être l'auteur. Je ferai observer à ce médecin que je m'occupais du traitement des bègues bien avant qu'il ne s'en occupât lui-même, et que j'avais expérimenté sur moi-même et sur une demoiselle, à Châlon-sur-Saône, sa prétendue découverte contre le grasseyement, un an avant que ne parût son ouvrage sur les infirmités de la parole. Mais comme je suis d'un caractère très-conciliant, je consens à partager avec lui l'honneur de ce procédé curatif, en le transcrivant ici tel qu'il est expliqué dans son ouvrage.

MOYEN DE CORRIGER LE GRASSEYEMENT.

« Comme le grasseyement dépend de ce que la pointe de la langue, au lieu d'être portée vers le palais, se trouve retirée en bas vers la face postérieure des dents incisives de la mâchoire inférieure, d'où il résulte que la face dorsale de cet organe se trouve convexe au lieu d'être concave, ce qui le force pour articuler l'*R* de vibrer vers sa base, au lieu de vibrer à son sommet ; c'est par un mécanisme diamétralement opposé que je combats ce vice de l'articulation. Les moyens que j'emploie, aussi faciles à comprendre qu'à appliquer, sont les suivants : Je fais porter la langue vers la voûte palatine à peu près à trois ou quatre lignes plus en arrière que la face postérieure des dents incisives de la mâchoire supérieure, de manière que la face dorsale de l'organe phonateur soit concave, et que sa pointe élevée soit libre et puisse vibrer, ce qui a lieu sans beaucoup de difficulté, si on a le soin de dire à la personne de laisser l'arrière-bouche dans l'inaction, et surtout ne pas vouloir d'abord articuler l'*R*, mais seulement se contenter de chercher à faire osciller la pointe de la langue en chassant une grande masse d'air comme pour imiter l'espèce de ronflement des chats, ou, encore mieux, le bruit sourd produit par le mouvement de la corde et de la grande roue d'un émouleur. Lorsque, par le moyen de cette gymnastique, on est parvenu à faire vibrer seulement le sommet de la langue, il résulte alors un son naturel qui imite à peu près celui de la syllabe *re*, à laquelle on fait ajouter une autre syllabe, *tour*, par exemple, ce qui donne le mot *retour*, ou tout autre, selon la dernière syllabe ajoutée.

Lorsqu'on a obtenu ce résultat, il s'agit de faire prononcer l'*R* précédé d'une autre consonne, comme dans le mot *français*. Pour y parvenir, on fait prononcer l'*f* seul, et l'on dit d'imiter ensuite le bruit dont je viens de parler, et afin d'y ajouter les deux dernières syllabes *ançais*, ce qui donne *fe....rrr...ançais*, *français* que l'on prononce bientôt convenablement. Il en est de même pour toutes les autres lettres qui peuvent se trouver avant l'*R*. »

M. Colombat dit avoir trouvé cinq espèces de grasseyement. Ce médecin est décidément l'homme aux *trouvailles*. Mais je doute fort cette fois de l'exactitude de son chiffre des espèces.

En effet, si le grasseyement consistait comme dans la blésité à substituer à certaines lettres le son de plusieurs autres, il offrirait alors des variétés que l'on pourrait classer ; mais puisque le grasseyement n'est qu'une habitude locale et imitative qui consiste à prononcer l'*R* de la gorge au lieu de le prononcer du bout de la langue, et que, dans ces deux manières, c'est toujours le son de l'*R* que l'on fait entendre et non le son d'une autre lettre, il ne peut en résulter cinq espèces. Car, si, au lieu de dire *rare* on dit *zrazre*, ou *vasce*, ou *guague*, ou *lale*, ou *ae*, qui sont les cinq espèces de grasseyement sorties du cerveau de M. Colombat; on ne grasseye pas, on blése, puisqu'on substitue à la lettre *R* le son de plusieurs autres.

Mais l'*R* est altéré, dira M. Colombat, donc qu'il y a grasseyement; voilà d'où vient son erreur, car où est l'altération qu'on fait éprouver à l'*R*, lorsqu'on dit *guage* ou *vave* pour *rare*? On le remplace par d'autres lettres, mais on ne l'altère pas. On n'altère pas une chose par la substitution d'une autre chose qui lui est absolument étrangère, on ne l'altère que lorsqu'on lui ôte de sa valeur ou de son éclat.

DE LA BLÉSITÉ.

La blésité est, comme je viens de le dire, ce vice de la parole qui consiste à substituer à certaines lettres le son de quelques autres lettres.

D'après cette définition, on doit nécessairement supposer une infinité d'espèces de blésité. Mais l'espèce la plus commune, la première de toutes, qui est la véritable blésité, est presque générale dans le midi de la France, c'est celle qui consiste à donner le son du *z* aux consonnes *j* et *g* doux, et le son de l'*s* au *ch*. Dans le premier cas, on dit *z'avais* pour *j'avais*, *zouzou* pour *joujou*, *zentille* pour *gentille*, etc. ; dans le second cas, *saumière* pour *chaumière*, etc.

Pour remédier à ces deux vices de l'articulation, il ne s'agit que d'appliquer la pointe de la langue contre le palais, et allonger les lèvres de toute longueur, en faisant précéder cette gymnastique d'une légère aspiration ; et avec la seule intention de prononcer le *j* ou le *ch*, on le prononcera très-bien.

Les autres espèces de blésité sont plus difficiles à combattre. On verra la manière de s'en corriger dans le tableau que je donne du mécanisme naturel de toutes les lettres.

DU BALBUTIEMENT.

Je ne crois pas, comme l'affirment quelques auteurs, que le balbutiement provienne d'un manque d'idées, car il y a des personnes fort instruites, fort spirituelles, douées d'une belle intelligence qui balbutient beaucoup. Il serait plus raisonnable, je crois, de l'attribuer à une paresse ou à une faiblesse des facultés intellectuelles qui, se communiquant à la parole, la rendent lente, douteuse, incertaine, et d'une monotonie désagréable. Il peut être aussi, comme dans bien des vices de la parole, l'effet d'une mauvaise habitude ou d'une extrême nonchalance.

Une grande timidité, la contrainte, la peur engendrent quelquefois cette affection, mais alors elle n'est qu'accidentelle. De fréquentes maladies peuvent aussi produire le balbutiement, mais je doute fort, comme le dit M. Colombat, que cette infirmité de la parole en soit le symptôme, pas plus qu'elle n'est l'affection distinctive des idiots; car j'ai connu des personnes qui balbutiaient et dont la parfaite santé n'a jamais été altérée, comme j'ai connu maints idiots dont le langage était sans hésitation.

Le caractère particulier du balbutiement est d'ajouter un *e muet* à la suite de chaque mot et de le traîner indéfiniment. L'exemple est dans la phrase suivante : Donnez *e e e*.... *moi e e e*..... *mes e e e*..... *bas e e e*..... L'application du rhythme à deux temps brusque et saccadé de M.. Colombat doit avoir un grand succès sur cette infirmité. Si ce cas se présentait à moi, je n'en emploirais point d'autre pour le combattre. Reste à savoir si le sujet voudrait se soumettre à ce procédé.

DU BREDOUILLEMENT.

Le bredouillement est le résultat d'une prononciation irrégulière, confuse et inachevée par sa trop grande précipitation. Ce vice de la parole excite presque toujours l'hilarité, et offre à celui qui en est affligé l'*insigne avantage* de ne jamais être compris.

J'entends dire souvent que ceux qui bredouillent sont, en général, vifs et spirituels ; vifs, c'est possible; spirituels, pas toujours. Je connais une foule de bredouilleurs dont l'esprit est fort équivoque.

Le bredouillement a beaucoup de ressemblance avec le bégaiement, qui se fait remarquer par la répétition continuelle des mêmes syllabes; il est, comme lui, l'effet d'une mauvaise habitude et du peu de soin que l'on apporte à la prononciation des enfants. Un enfant dont le caractère est doux, timide, impressionnable, est sûr de devenir bègue ou bredouilleur, s'il est constamment harcelé par le ton brusque et dur de celui qui est chargé de son instruction, et, surtout, s'il est poussé à parler plus vite que ne lui permette sa mémoire ou ses idées. Je trouve que dans l'éducation qu'on nous fait subir on ne tient pas assez compte de nos facultés physiques et morales; et d'elles dépendent pourtant en grande partie le succès de nos études, et par conséquent notre avenir. Que de reproches, à ce sujet, n'aurait-on pas à adresser à l'Université qui se croit infaillible.

Le jeu régulier des lèvres d'arrière en avant, tel que je l'ai indiqué dans ma méthode curative de bégaiement, est le moyen le plus sûr, le plus efficace pour corriger cette dernière infirmité.

TABLEAU DU MÉCANISME NATUREL DE L'ARTICULATION DES LETTRES.

A.

Lorsqu'on ouvre la bouche, la langue étant abandonnée à elle-même et mollement étendue dans cette cavité, sans toucher les bords des dents inférieures, le son produit alors la voyelle a.

B.

L'articulation de cette consonne consiste dans le rapprochement des lèvres, et leur séparation presque subite, sans trop de brusquerie. Le son de cette lettre, comme celui du d, de l'm, de l'e, de l'l, du j, du v et du z, est précédé d'une sorte de frémissement sonore qui part de la cavité buccale, suit le palais et sort ensuite vivement après avoir été modifié par les lèvres.

C dur K ou Q.

Il faut appuyer fortement la base de la langue contre le palais, en appuyant de même son sommet contre la face postérieure des dents incisives inférieures. Dans cette position on poussera tout l'appareil vocal comme font les enfants lorsqu'ils s'amusent à se faire monter le sang au visage, et on abandonnera vivement la langue pour produire le son de ces consonnes.

D.

Le *d* s'articule en appuyant légèrement le sommet de la langue contre la face postérieure des dents incisives de la mâchoire supérieure. Le son de cette lettre est, comme je l'ai déjà dit, précédé d'une espèce de frémissement qui part du fond de la bouche.

E.

On produira le son de cette voyelle en écartant médiocrement les lèvres, en les portant un peu en arrière, et en appuyant la pointe de la langue contre les bords des dents de la mâchoire inférieure, de manière à ce que le corps de la langue s'élève assez pour que sa face dorsale aille s'appliquer contre le palais.

F.

Pour articuler cette lettre, il suffit de partager la lèvre inférieure avec les dents de la mâchoire supérieure, de les appuyer fortement dans cette position et séparer les lèvres vivement.

G dur.

Mêmes moyens que pour le *c* dur, le *k* et le *q*, mais employés avec moins de force.

I.

La voyelle *i*, dont le son est encore moins plein que celui de l'*e*, exige que le tuyau vocal se trouve rétréci le plus possible , soit au moyen des mâchoires qui se rapprochent, soit au moyen de la langue dont la pointe s'applique fortement contre les dents incisives infé-rieures , pour que sa partie charnue reflue plus aisé-ment vers le palais , et puisse s'y attacher en s'élar-gissant , comme pour sortir entre les dents molaires des deux côtés ; l'air doit presque entièrement se porter sur les incisives qu'il va heurter , avant de se porter au dehors.

J et G doux.

On prononcera facilement ces deux consonnes en allongeant les lèvres de toute leur longueur et en donnant une vive impulsion à l'air. Par cette gymnas-tique des lèvres, la pointe de la langue se trouve na-turellement placée presque sur les bords des dents in-cisives supérieures.

L.

Pour prononcer cette lettre il faut que la langue se

replie sur elle-même, et que son sommet, en s'élevant, aille frapper le palais au-dessus des alvéoles des dents incisives supérieures.

M.

Il ne faut pour prononcer cette consonne que rapprocher les lèvres l'une de l'autre, et abaisser brusquement la mâchoire inférieure.

N.

L'articulation de cette consonne se fait en portant la pointe de la langue sur les alvéoles des dents incisives supérieures et en l'abaissant vivement.

O.

Il n'y a qu'à avancer un peu les lèvres et émettre le son de cette lettre.

P.

Pour articuler cette consonne, il faut rapprocher

les lèvres l'une de l'autre, les presser fortement et abaisser brusquement la mâchoire inférieure.

R.

La manière d'articuler cette lettre se trouve dans la définition que je donne du grasseyement.

S.

Le son de cette lettre est produit en plaçant la langue à l'extrémité inférieure des dents incisives supérieures, de manière à ne laisser qu'une petite issue à l'air, qui doit être chassé fortement, mais s'échapper en filets déliés, afin de produire le sifflement de cette consonne.

T.

Pour donner l'articulation de cette consonne, il faut placer le bout de la langue entre les dents incisives supérieures et inférieures, la presser contre les incisives supérieures et détacher vivement la langue.

U.

Il faut porter les lèvres en avant, de manière à arrondir et à rétrécir l'ouverture de la bouche.

V.

Le mécanisme de cette lettre consiste à placer légèrement l'arcade dentaire supérieure sur la lèvre inférieure et la presser un peu. Il résultera d'abord une espèce de sifflement précédé du frémissement sonore de l'arrière-bouche attaché à toutes les lettres adoucies.

Z.

Cette lettre a un mécanisme à peu près semblable à celui de la lettre *s* adoucie ; et elle exige, comme elle, que la langue vibre un peu à sa base et soit moins élevée, afin que le passage de l'air soit plus large et le son moins sifflant.

Ce tableau, auquel j'ai fait quelques changements

nécessaires, est à peu près semblable à celui que nous donne M. Colombat, dans son ouvrage sur le bégaiement. Il était tout simple que ce docteur, en s'occupant du traitement des infirmités de la parole, fît une étude particulière du mécanisme de l'articulation des lettres, et nous mît à même d'apprécier les avantages qu'on peut retirer de son travail. Mais avant lui j'avais fait le même travail et l'avais appliqué avec bonheur, en 1822, sur Mlle C... de Neuzeret, à quelques lieues de Châlon-sur-Saône, et sur bien d'autres personnes encore. Il est vrai que je ne l'avais pas publié, puisque je n'avais encore rien écrit sur les vices de la prononciation; mais comme l'application de ce mécanisme avait eu lieu antérieurement à la publication de l'ouvrage de M. Colombat, il s'ensuit que le seul avantage que ce médecin ait eu sur moi en cette occasion, c'est de m'avoir devancé par la publicité de sa théorie, que du reste, je me suis fait un plaisir de mettre sous les yeux de mes lecteurs, sauf quelques modifications.

Quant à son mécanisme artificiel, l'ayant jugé plus ingénieux qu'utile, je n'ai pas cru devoir le transcrire (1). De deux moyens proposés, il convient toujours d'adopter de préférence celui qui mène droit au

(1) Si, dans le cours de cette brochure, je me suis montré quelquefois de mauvaise humeur envers M. Colombat, c'est que ce médecin est l'homme le plus présomptueux de la terre; il est connu, du reste, comme tel parmi ses confrères. A l'entendre, il a tout inventé, tout découvert, tout prévu; après lui, il n'y a plus qu'à glaner. Sans doute qu'il a beaucoup mieux raisonné que la plupart des médecins sur les infirmités de la parole, qu'il a écrit d'excellentes choses sur le bégaiement, et en a bien apprécié les conséquences; mais d'autres avant lui avaient montré, quoique étrangers à sa science, cette même intelligence, et ce même esprit d'observation. Est-ce à dire que parcequ'il a été le premier à publier ses opinions, celles qui les ont devancées, mais qui sont restées dans les cartons, n'aient pas autant de valeur? D'ailleurs, je répète ce que j'ai dit : si les reflexions de M. Colombat, sur le bégaiement, lui font honneur, si ses assertions sont pleines de justesse, sa méthode curative n'en est pas moins défectueuse, et son application sur les adultes aura rarement des résultats positifs. Il n'y a vraiment de bon et d'utile dans son ouvrage sur le bégaiement, que son tableau du mécanisme naturel de l'articulation des lettres, qui est expliqué de la manière la plus claire et la plus précise.

but, et dont l'emploi est presque toujours une garantie de succès. D'ailleurs mes fréquentes expériences m'ont prouvé que dans les cas de blésité ou dans ceux d'un manque partiel ou total d'articulation, l'application du mécanisme naturel des lettres est le seul qui convient pour parvenir à un résultat satisfaisant, attendu que chez les personnes atteintes de ces vices de la parole, ce n'est point parce que leur langue se refuse à l'articulation qu'elles ne prononcent pas, mais parce qu'à leur insu et contre leur vouloir même, cette organe est soumis à l'influence de certaines particularités défectueuses dont elles ne cherchent jamais à se rendre compte, soit par insouciance, soit par tout autre motif aussi peu louable.

Les cas de blésité étant presque aussi communs que le bégaiement, je ne saurais trop recommander aux instituteurs ce tableau du mécanisme naturel de l'articulation des lettres. Ils comprendront peut-être, enfin, que la confiance qu'ils ne cessent d'avoir dans

le prétendu procédé curatif de Démosthène est dé-
risoire ; que ce n'est point en *bourrant* leurs élèves
de *cailloux*, qu'ils parviendront à corriger leurs vices
de prononciation, mais bien en leur indiquant la position que doit prendre la langue dans l'articulation de
telle ou telle lettre. Pour cela faire, ils devront se
pénétrer profondément de la définition que je donne
du grasseyement, de la blésité et de tous les vices de
prononciation de la même espèce, et ne pas les confon-
dre surtout avec le bégaiement, le balbutiement et le
bredouillement. Car, en supposant que les *cailloux*
pussent modifier ces dernières infirmités, ils ne peuvent avoir qu'un résultat contraire sur les premières.

J'engage les bègues de toutes les classes et de toutes
les conditions, à qui cette brochure est spécialement
destinée, de se bien pénétrer de l'importance de mes
explications et du sentiment honorable qui a présidé
à sa rédaction. Si, comme je l'espère, la vérité de mes
assertions frappe leur esprit, ils accepteront avec

empressement les moyens de guérison qui leur sont offerts. Aucun motif qu'on ne puisse avouer ne doit arrêter l'élan de leur confiance, car je leur promets d'avance que, quel que soit le degré de leur infirmité, de leur intelligence et de leur volonté, ils retireront toujours les fruits les plus salutaires de l'enseignement qu'ils auront reçu. Tous les vices de la prononciation étant désagréables, il convient de s'en corriger ; mais le bégaiement surtout, alors même qu'il ne serait point un obstacle à certaines professions et à certaines carrières, porte en lui un caractère si déplaisant et si ridicule que, à moins de se condamner à être toute sa vie un sujet de raillerie pour la malveillance et la malignité, on doit travailler sans relâche à s'affranchir du joug d'un despotisme aussi pénible qu'humiliant. Tel est mon avis.

Quelques amis m'avaient conseillé de consigner dans un chapitre spécial les guérisons que j'ai obtenues par mes nouveaux procédés : j'ai repoussé ce conseil.

La meilleure manière, la manière la plus digne, selon moi, de prouver son savoir, c'est d'attendre patiemment les occasions favorables de le faire connaître. Les provoquer par des citations personnelles, c'est tomber dans le charlatanisme, quelle que soit la vérité de leurs témoignages. D'ailleurs, les certificats sont toujours bons, on n'en produit jamais d'autres ; et ce serait s'assimiler aux empiriques des places publiques que de chercher à attirer l'attention par de semblables moyens.

Si mes opinions, que j'ai émises avec toute la puissance de mes convictions et le rude langage de la vérité, ne peuvent convaincre mes lecteurs, c'est, sans doute, que je me serai trompé. Mais si, au contraire, elles sont appréciées et atteignent le but que je me suis proposé, mon succès sera alors d'autant plus certain que je le devrai à la force de mes arguments, et non à une puérile énumération de faits dont il est toujours bien difficile d'estimer l'exactitude.

Chanoine, imprimeur à Lyon, 18, place de la Charité.

www.ingramcontent.com/pod-product-compliance
Ingram Content Group UK Ltd.
Pitfield, Milton Keynes, MK11 3LW, UK
UKHW020930120726
13693UKWH00003B/1240

9 782019 236076